7
LK 1539.

FONTAINES PUBLIQUES

DE LA

VILLE DE CAEN.

CAEN,

IMPRIMERIE DE DELOS, RUE NOTRE-DAME, 70,

COUR DE LA MONNAIE.

—

1857.

FONTAINES PUBLIQUES

DE LA VILLE DE CAEN.

Au milieu des préoccupations de la foire, un grand événement s'est accompli dans notre ville, et il a été trop peu remarqué. Le 5 mai 1857 restera cependant comme l'une des dates les plus mémorables de notre pacifique histoire : ce jour-là, nous avons vu inaugurer le système qui doit donner à tous nos quartiers des fontaines publiques ; ce jour-là, s'est réalisé le vœu de nos pères, qui depuis des siècles demandaient à leurs magistrats l'usage facile de quelques sources amenées au centre de la cité : le désir exprimé par de Bras, en 1588, est bien dépassé ; le refus des générosités vaniteuses de l'abbé de St-Martin n'est plus regrettable ; les projets utiles de M. Dufeugray ; les concours ouverts par la Société d'agriculture et de commerce de Caen appartiennent au chapitre clos des conseils, des voies et moyens, des aspirations philanthropiques. Mais ce qui nous appartient, ce qui est bien à nous aujourd'hui, ce qui est acquis à l'avenir, c'est une source abondante et intarissable, c'est une admirable distribution des eaux qui partiront du centre, iront constamment dans tous les quartiers, pourront même entrer dans toutes les maisons, s'élever et circuler à tous les étages, fournir immédiatement le moyen d'éteindre tous les incendies. Une telle nouveauté n'est-elle pas, comme nous le disions, un grand événement? On nous saura gré de la faire connaître avec quelques détails.

Et d'abord, si nous remontons à très-peu d'années, nous voyons les meilleurs citoyens préoccupés de la question des fontaines publiques, et M. Bertrand, notre maire, prêtant l'oreille à tous les avis, interrogeant d'un œil attentif tous les projets. Déjà une étude approfondie de cette question lui avait fait concevoir un système dans lequel la chute d'eau du moulin de Gémare serait le moteur chargé de porter les eaux dans toutes les parties de la ville, tandis qu'une machine à vapeur, établie à l'Hôtel-Dieu, et devant, seule d'abord, procurer de l'eau à cet établissement et au quartier Saint-Gilles, où les besoins étaient les plus pressants, deviendrait l'auxiliaire du moteur hydraulique, en cas d'insuffisance ou d'accident. En vue de ce vaste projet, le moulin de Gémare avait été acheté par l'administration municipale, et bientôt avait fonctionné la machine à vapeur de l'Hôtel-Dieu. Mais de grandes difficultés restaient à vaincre. Heureusement pour le magistrat qui poursuivait la réalisation du système avec tant de persévérance, ou plutôt pour la ville de Caen, un homme jeune et d'un talent que nous avons eu personnellement le bonheur de reconnaître et d'annoncer au moment de ses premières études au collége de Falaise, M. Lepainteur, ingénieur civil, l'un des plus brillants élèves de l'Ecole centrale, vint se fixer dans le chef-lieu du Calvados. Bientôt M. le maire lui parla de l'importance qu'il attachait à créer des fontaines publiques, à donner de l'eau à tous les quartiers de la ville; il lui développa ses vues, le chargea de procéder immédiatement aux nivellements nécessaires, et attendit le résultat de ces études.

Ce fut alors que M. Lepainteur se posa nettement tous les problèmes à résoudre. Nous avons eu avec lui une conversation récente, comme simple curieux, et, grâce à sa complaisance, nous avons recueilli de sa bouche, sans qu'il se doutât de nos intentions, tous les éléments de cet article.

M. Lepainteur savait, comme tout le monde, qu'une ville a besoin d'eau pour l'usage immédiat et continuel de ses habitants, et pour la salubrité de ses rues. Il faut des fontaines où chacun puise à toute heure, et des bouches d'écoulement qui assainissent les ruisseaux par des lavages périodiques. Restait à connaître la quantité d'eau nécessaire à la ville de Caen, pour atteindre ce double but.

L'expérience fut interrogée, et le jeune ingénieur trouva les éléments d'une solution dans une enquête faite en 1844. Un Anglais, M. Gravatt, avait trouvé que la consommation hebdomadaire, pour une famille d'ouvriers aisés et ayant des habitudes de grande propreté (1), peut se répartir ainsi :

(1) M. Gravatt suppose la famille composée d'un père, d'une mère, d'une fille nubile et de deux autres enfants.

Lavage des légumes. . . . . . . 63 litres.
— des ustensiles. 64
Cuisson des comestibles. 64
Propreté personnelle. 127
Lavage des planchers de deux chambres
une fois par semaine. 45
Blanchissage. 227
Arrosage d'un petit jardin. . . . 45

                         Total. . . . 635 litres.

C'est-à-dire que la consommation quotidienne est de 18 litres par tête. M. Lepainteur la porte à 20 litres ; soit donc 800,000 litres pour 40,000 habitants.

La quantité d'eau que donnent à Paris les fontaines monumentales est estimée à 18 litres par habitant, dans l'espace de 24 heures. A Caen, la dépense quotidienne n'est pas, ne sera jamais de plus de 8 litres, dans les plus brillantes prévisions de l'avenir ; elle exigerait donc au plus 320,000 litres.

Une enquête, faite à Londres avec beaucoup de soin, démontre qu'il faut compter, dans la capitale de l'Angleterre, pour les éventualités, les bains, les incendies, etc., 8 litres par tête : 5 litres suffiront à Caen ; soit 200,000 litres.

Les lavages périodiques au moyen de bornes-fontaines et de bouches d'écoulement, pour être efficaces, devraient se faire trois fois par jour : le matin, au moment du balayage, puis vers le milieu de la journée, et enfin le soir, au moyen d'un demi-litre par seconde. 120 bornes-fontaines et bouches d'eau, coulant chaque fois pendant une heure, exigent une dépense, au maximum, de 650,000 litres.

Ce seraient donc, en résumé :

Pour les besoins domestiques. . .	800,000 litres.
— les fontaines monumentales.	320,000
— les éventualités.	200,000
— l'assainissement.	650,000
Total. . . .	1,970,000 litres.

Ou, pour avoir un chiffre rond, 2,000,000 de litres... 50 litres par habitant ! C'est malheureusement du luxe pour un grand nombre.

Le problème ainsi posé, restaient à trouver ces deux millions de litres si désirables. Le puits artésien de St-Pierre, de 0 m. 19 centimètres de diamètre, n'en donne, par 24 heures, qu'un million à un million vingt-deux mille litres. La nappe d'eau de Gémare en fournit quatre cent mille. Comment combler le déficit ?

M. Lepainteur a construit dans l'établissement de Gémare une vaste citerne dont le niveau est de 1 m. 25 c. en contre-bas du niveau de la nappe connue; puis il a fait forer, à côté de cette citerne, un puits artésien de 30 centimètres de diamètre intérieur : ce puits communique à la citerne par un tuyau.

Ici nous devons dire que la force de la machine employée à l'épuisement pendant les travaux, a donné l'alarme à tous les voisins qui, voyant tarir leurs puits, ont pu craindre que ce fût pour toujours. Ils sont rassurés depuis que les travaux sont terminés et que l'état normal est rétabli. C'eût été sans doute un inconvénient médiocre en comparaison des immenses avantages de l'entreprise pour le public ; mais il est toujours fâcheux que le bien général s'opère aux dépens des particuliers. Nous sommes heureux d'apprendre que la peur a été momentanée, et que les intérêts généraux ne nuiront point aux intérêts privés. Revenons au nouveau puits artésien.

Ce puits donne en 24 heures 1,700,000 litres, qui, joints aux 400,000 de la nappe de Gémare, forment un total de 2,100,000 litres. La quantité d'eau à fournir est donc supérieure aux besoins, et le problème est résolu (1).

Un second problème se présentait immédiatement après la solution du premier, mais problème bien moins difficile à résoudre ; ce n'était, comme tout le reste, qu'une affaire d'étude, d'application et d'argent. L'étude est faite, les moyens d'application sont trouvés, l'argent viendra.

M. Lepainteur avait plus d'eau que n'en réclame la

---

(1) La prudence qui a présidé à tous les travaux de M. Lepainteur se manifeste dans la construction de la citerne. Dans l'incertitude où il était d'obtenir toute l'eau dont il avait besoin, il a disposé cette citerne de manière à y amener facilement l'eau du puits de Saint-Pierre. C'est une ressource dont on disposerait, le cas échéant.

cité. Il ne s'agissait plus que de mettre cette eau à la portée de tous les habitants, et la première chose à connaître, c'était à quelle hauteur elle devait être élevée pour être convenablement distribuée à tous les quartiers. Le nivellement a eu lieu, et voici quelques résultats du travail de notre jeune ingénieur civil :

1° L'Octroi de la rue de Bayeux est de 25 m. 82 c. en contre-haut du niveau de l'eau dans la citerne de Gémare ;

2° La Demi-Lune, de 19 m. 59 c. ;

3° Le Calvaire de la rue de Falaise, de 18 m. 19 c. ;

4° La place de la Petite-Boucherie, de 11 m. 63 c. ;

5° Un lieu situé à 10 mètres de l'ancien chemin de la Délivrande, près du Moulin-au-Roi, de 27 m. ;

6° Le niveau du réservoir de l'Hôtel-Dieu, de 21 m. 17 c. ;

7° Le niveau des étages supérieurs de l'Hôtel-Dieu, de 29 m. 77 c.

Le niveau maximum à atteindre étant de 30 mètres, M. Lepainteur, en considération de la perte de charge due au frottement de l'eau dans les tuyaux, a augmenté de cinq mètres la hauteur désirée, et cherché un moteur capable d'élever à 35 mètres deux millions de litres d'eau en 24 heures.

Or, la ville de Caen avait acheté, comme nous l'avons dit, le moulin de Gémare, dont la chute était de 3 mètres 63 centimètres.

D'un autre côté, on a exécuté, aux Pierres-Ferrées, près de Verson, des travaux qui permettent au Petit-Odon de recevoir autant d'eau que le Grand-Odon; et le régime moyen de la première de ces rivières est présentement de 500 litres par seconde. En creusant son lit en aval de Gémare, de manière à obtenir une chute de 4 mètres 55 centimètres, M. Lepainteur a pour résultat une force de 30 chevaux, alors que la puissance de 23 chevaux lui suffit.

Mais on sait que le régime du Petit-Odon est très irrégulier; le moindre orage en grossit les eaux en quelques heures, tandis qu'il est diminué considérablement par les grandes chaleurs de l'été. M. Lepainteur a pensé qu'au lieu d'avoir un moteur unique, il valait mieux, dans l'intérêt d'un service public qui ne doit pas être interrompu, diviser la force, que de l'avoir uniforme et parfois gênante; il a donc projeté l'établissement de trois pompes au lieu d'une, et s'est ménagé le secours de la machine à vapeur de l'Hôtel-Dieu pour le temps des basses eaux et du curage annuel des Odons.

Les trois machines de Gémare appartiennent à un système assez peu connu en France pour que nous en disions quelques mots.

A leur nom de *turbines* est accolé celui de *Kœchlin*, qui ne laisse aucun doute sur le perfectionnement apporté à l'œuvre de Simpson, ingénieur de l'une des compagnies qui distribuent l'eau à la ville de Londres. La *turbine-Kœchlin* met en mouvement par un seul engrenage une pompe, dont le système imprime une vitesse qu'aucun autre n'avait su produire. Grâce à ce système, on obtient, pour tel volume d'eau élevée à telle hauteur, une diminution notable dans les dimensions et le prix de l'appareil. La pompe de Gémare, avec un corps de 20 centimètres de diamètre seulement, fait monter 800,000 litres par jour à 35 mètres de hauteur. Pour obtenir ce résultat, elle fait 45 tours par seconde avec 0 m. 55 c. de course, et, dans ces conditions, le piston se meut avec une vitesse de 0 m. 80 c. par seconde, vitesse bien supérieure à celle des pompes généralement employées.

A présent que l'eau est trouvée en quantité plus que suffisante, et que nous avons le moyen de l'élever au niveau des points culminants de notre ville, il ne reste qu'à la distribuer, et c'est ici surtout que l'argent doit intervenir.

M. Dufeugray (de regrettable mémoire), ne faisant monter l'eau qu'à 28 mètres au-dessus du niveau de l'Orne, et la prenant à Montaigu, point qui n'avait pas l'avantage de la position centrale de Gémare, demandait tout d'abord une somme de 900,000 francs. — M. Lepainteur est plus modeste, et personne ne s'avisera de le trouver moins habile. Un commencement d'exécution dans trois directions opposées répond du succès de l'achèvement, que le défaut d'argent peut seul retarder. Encore y aura-t-il peut-être un moyen de lever cet obstacle, en accédant à des propositions faites par M. Bonin, l'entrepreneur général des travaux.

Le système de distribution des eaux, conçu par M.

Lepainteur, répond à tous les besoins de tous les quartiers de Caen. *Quatorze mille* mètres de tuyaux et *cent soixante* bornes-fontaines et bouches d'eau entrent dans le plan. Une distance moyenne de cent mètres séparera les bornes-fontaines, et aux personnes qui trouvent trop grande cette distance, nous dirons que la ville de Caen est la seule où elle soit aussi petite. A Paris, elle est de 350 mètres.

Comme complément du système de distribution dont nous venons de parler, M. l'ingénieur civil a dû songer à des réservoirs pour une alimentation continue; car la dépense de l'eau est, on le sait, fort irrégulière. Il est des heures de la journée où cette dépense est considérable; il est des nuits entières où elle est presque nulle. Il faut garder une partie de l'eau que produit la machine de Gémare, et trois réservoirs, de deux millions de litres chacun, seront construits, l'un près de l'Octroi de la rue de Bayeux ; le second près de l'Octroi de la rue de Branville ; le troisième dans le voisinage du Moulin-au-Roi. Ces réservoirs seront faits en déblais, ce qui diminuera la dépense des deux tiers. Tel est l'ensemble du système et de ses moyens d'exécution.

Ajoutons que, sur les 14,000 mètres de *tuyotage*, 4,000 sont posés, et que les 10,000 mètres à placer encore, ainsi que la construction du reste des bornes-fontaines, des bouches d'eau et des réservoirs, ne sont plus qu'une affaire de *temps* et d'*argent*.

Il importe de savoir combien d'*argent* il faut, et quel *temps* est rigoureusement nécessaire pour l'achèvement des travaux.

La dépense totale sera de 400,000 fr. Les travaux ont coûté jusqu'ici 100,000 fr. Reste à fournir une somme de 300,000 fr.

Nous connaissons assez le zèle éclairé de notre administration municipale pour croire qu'elle abrégera le temps le plus qu'il lui sera possible. Représentant tous les intérêts, elle reconnaît qu'il y a justice à faire jouir tous les quartiers de la ville des mêmes avantages, et à ne créer, pour aucun, des priviléges. Or, voilà 4,000 mètres de tuyaux qui portent l'eau de Gémare à je ne sais combien de rues. Provisoirement ces rues sont privilégiées, et les autres *sont altérées* de la justice *égalitaire*; elles ont *soif* du bienfait des eaux, elles sont comme le cerf du psaume 41 : *Quemadmodum desiderat cervus ad fontes aquarum ;* elles aspirent au jour où elles pourront dire, comme David, au psaume 17 : *Et apparuerunt fontes aquarum.* Et ce jour n'est pas loin, si ce qu'affirme l'ingénieur envoyé par M. Bonin est exact. M. Bonin ferait l'avance des 300,000 fr. et toucherait pendant quinze ans une somme de 20,000 fr., qui serait portée à notre budget. Pour tout intérêt, il se contenterait de concessions qui ne coûteraient rien à la ville, et je ne sais trop si, dans son système, la ville ne se trouverait pas bientôt dégrevée de la charge des 400,000 fr. imposée par le prix des fontaines, des bouches d'eau et des réservoirs. Ici nous n'entrons dans aucun détail, de crainte d'erreur ou d'indiscrétion. Seulement nous pouvons affirmer que la question d'argent est la seule à résoudre ; celle de temps n'arrêtera guère que six mois. Nous avons entendu dire à M. Lepainteur lui-même qu'avec quarante ouvriers, il peut, s'il ne se rencontre dans le terrain aucun obstacle inattendu, faire poser 200 mètres de tuyaux par jour. Deux mois suffiraient donc pour les 10,000 mètres à poser encore. Les bornes-fontaines et le reste des travaux demanderaient plus de temps sans doute ; mais six mois suffiraient pour le tout. Ainsi le projet pourrait tout entier être exécuté dans l'espace de six mois ! Ainsi tout serait fini en 1857 ! Les 14,000 mètres de tuyaux seraient terminés ! Les 160 bornes-fontaines et bouches d'eau seraient en pleine activité ! Les trois réservoirs, de chacun deux millions de litres, auraient sans cesse une alimentation de trois jours pour l'imprévu ! Et les habitants qui voudraient s'en passer la fantaisie auraient des robinets à tous leurs étages, des jets d'eau dans leurs jardins, et, à défaut de jardins, sur le haut de leurs maisons ! C'est invraisemblable, et vrai ! C'est merveilleux, et nous y croyons ! Nous y croyons, parce que M. Lepainteur a heureusement accompli tout ce que l'entreprise offrait de difficile ; nous y croyons, parce que nous avons foi dans les lumières et le dévoûment de notre maire et de notre conseil municipal.

JULIEN TRAVERS.

(*Extrait du journal* l'Ordre et la Liberté, *du 14 mai 1857.*)

www.ingramcontent.com/pod-product-compliance
Lightning Source LLC
Chambersburg PA
CBHW061621040426
42450CB00010B/2599